I0813903

Ser responsable

Julie Murray

abdopublishing.com

Published by Abdo Kids, a division of ABDO, PO Box 398166, Minneapolis, Minnesota 55439.

Printed in the United States of America, North Mankato, Minnesota.

102017

012018

Spanish Translator: Maria Puchol

Photo Credits: iStock, Shutterstock

Production Contributors: Teddy Borth, Jennie Forsberg, Grace Hansen

Design Contributors: Christina Doffing, Candice Keimig, Dorothy Toth

Publisher's Cataloging in Publication Data

Names: Murray, Julie, author.

Title: Ser responsable / by Julie Murray.

Other titles: Responsibility. Spanish

Description: Minneapolis, Minnesota : Abdo Kids, 2018. | Series: Nuestra personalidad | Includes online resources and index.

Identifiers: LCCN 2017945862 | ISBN 9781532106255 (lib.bdg.) | ISBN 9781532107351 (ebook)

Subjects: LCSH: Responsibility--Juvenile literature. | Children--Conduct of life--Juvenile literature. | Moral education--Juvenile literature. | Spanish language materials--Juvenile literature.

Classification: DDC 179--dc23

LC record available at https://lccn.loc.gov/2017945862

Contenido

Ser responsable

Se puede ser responsable de muchas maneras. ¿Sabes cómo?

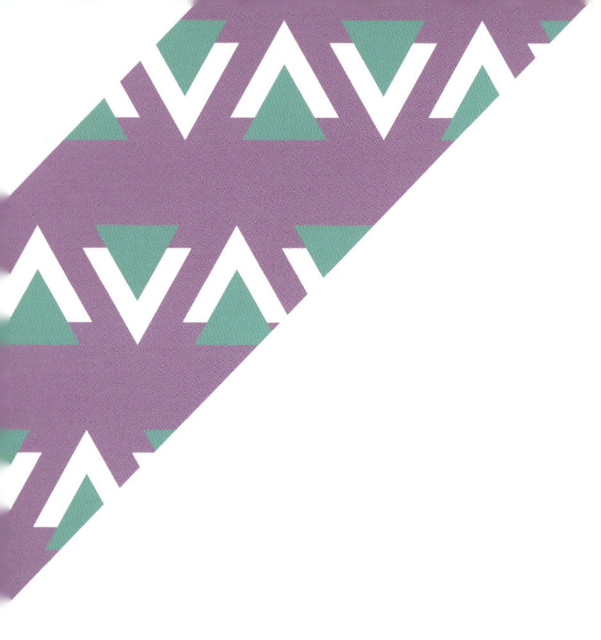

Sui ayuda en casa. Ella **lava** los platos.

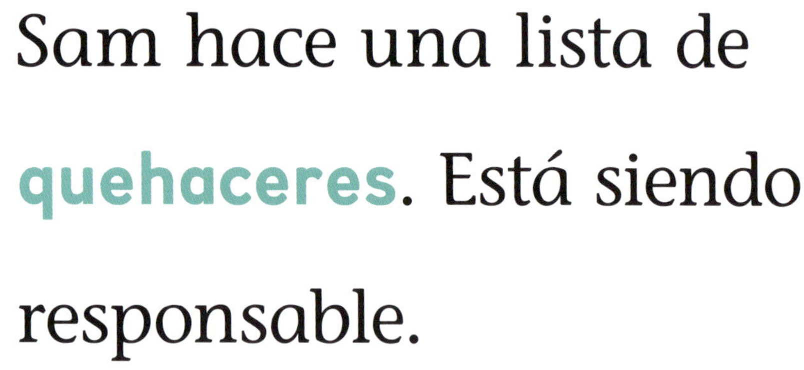

Sam hace una lista de **quehaceres**. Está siendo responsable.

Jim sabe cuidarse. Se cepilla los dientes.

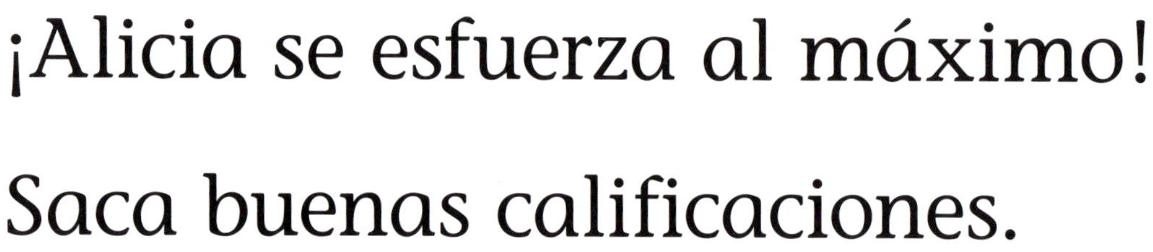

¡Alicia se esfuerza al máximo!

Saca buenas calificaciones.

¡Ay! Patricio ha tirado agua al suelo. Lo limpia inmediatamente.

Juan llega a tiempo a clase. ¡Su maestro está contento por eso!

Dora saca a pasear a su perro.

Está siendo responsable.

¿Has sido responsable hoy tú?

Formas de ser responsable

limpiar después de terminar algo

cuidar de una mascota

hacer la tarea

cuidarse uno mismo

Glosario

lavar
limpiar frotando fuerte.

quehaceres
tareas habituales de la casa o del jardín.

Índice

¡Visita nuestra página **abdokids.com** y usa este código para tener acceso a juegos, manualidades, videos y mucho más!